文學叢刊

蔡富澧著

碧海連江

——散落閩江口的珍珠

文史哲出版社印行

國家圖書館出版品預行編目資料

碧海連江：散落閩江口的珍珠 / 蔡富澧著. --
初版 --臺北市：文史哲, 民 105.11
頁; 21 公分（文學叢刊；372）
ISBN 978-986-314-346-8（平裝）

851.486　　105023118

本出版品曾獲連江縣政府之補助

文學叢刊 372

碧海連江：散落閩江口的珍珠

著作者：蔡富澧
出版者：文史哲出版社
http:// www.lapen.com.tw
e-mail：lapen@ms74.hinet.net
登記證字號：行政院新聞局版臺業字五三三七號
發行人：彭正雄
發行所：文史哲出版社
印刷者：文史哲出版社
臺北市 100-74 羅斯福路一段 72 巷四號
郵政劃撥帳號：一六一八〇一七五
電話886-2-23511028 · 傳真886-2-23965656

定價新臺幣三〇〇元

民國一〇五年（2016）十一月初版

ISBN 978-986-314-346-8　　09372

縣長序——海洋的回響

海洋是生命之母，也是文學之母，人類身體百分之七十是由水分構成，人跟水、跟海洋的關係是超乎想像的密切。但是由於中華民族長期以來的大陸文化的薰陶，即使擁有超長的海岸線和大片的海洋國土，但我們對海洋的聯繫卻是疏離的，也因此，我們的文學在海洋這塊畛域一直欠缺豐碩的成果。

連江縣—馬祖，地處台澎金馬的一隅，卻是貼近大陸的海上樂土，擁有豐富的歷史、宗教、文化、風土、生態等資產，多年來卻在歷史的邊陲中獨立發展特有的海上風情，繁衍堅強不屈的家學史蹟。馬祖之美，美在天然、美在自然，美在豐富而不喧嘩，美在遠離而不疏離，美在人不知而不怨。但是這樣的美，依舊需要知音的欣賞，大家的登臨，需要審美的肯定與藝術的再造。

多年來，馬祖在地文學藝術的蓬勃發展，已經為這塊閩江口外的島嶼群塑造了一座豐厚的里程碑，在歷屆縣長與文化局長的努力經營，詩人藝術家的熱情參與下，透過在地與外來的交流融會，舉凡新詩、散文、書法、繪畫、戲劇、音樂等，都已經在島嶼之間蔚為風潮。

馬祖雖然地處偏鄉，但與海內外各地的文學交流卻從未中斷，騷人墨客絡繹於途，往往在各島之中流連忘返，進而創作出許多優秀作品，為馬祖文學奠下厚實的基礎。

詩人蔡富澧是軍人出身，長期從事文學創作，雖然到訪馬祖的次數不多，卻在其有限的行腳中，其軍人與詩人特殊的經歷胸懷與視野，在馬祖四鄉五島之間蒐羅大量的美景詩情，透過個人多樣化的筆觸，寫下五十餘首詩作，為馬祖展現瑰麗多變的文學風情，因此獲得本府文化局的補助，將其詩集結集出版，對於豐厚本鄉文學資產、推廣島嶼觀光，都具有高度價值。付梓之前，僅贅述言，以為序。

連江縣長 劉增應

局長序——聽見詩吹過的聲音

詩是最精煉的文學，隻字片語便能表達千言萬語訴不盡的衷情；詩可以用珍珠來比擬，必須經過詩人嘔心瀝血的構思或靈光乍現的巧思，才能得一佳作，也因此，詩才能成為中國文學的主流。

馬祖地處海隅，在漫長的歲月中，歷經從蠻荒到現代、遷徙與箝制的痛苦過程，讓一代代馬祖居民遍嘗辛酸，也淬鍊出刻苦耐勞、堅忍不拔的毅力，如今的馬祖，也像一顆顆海上的珍珠，綻放著耀眼的光芒。

馬祖獨特且誘人的歷史與風情，屢屢吸引國內外各地的騷人墨客前來參訪旅遊，或發之為文，或提筆作詩，或揮毫作畫，透過這些文學藝術的創作，馬祖的美學內涵已經傳遍海內外無數的角落。

多年來，馬祖也鼓勵、提倡文藝活動，讓在地年輕學子從小就有發表的園地和競爭的舞台，例如馬祖日報上文學作品的刊登、馬祖文學獎的獎勵、馬祖文化叢書的倡議和出版、各種文學作品的出版補助、各種音樂、戲劇的演出等等，都帶動了馬祖文學藝術的風潮。

本局對於出版品的補助行之有年，也收到很好的效果。蔡富澧這本《碧海連江——散落閩江口的珍珠》，以詩的形式將馬祖四鄉五島的風情做了全面多元的展現，彷彿讓我們聽見一首首詩吹過馬祖列島的聲音，他利用詩的魅力，填補了許多來過或沒來過馬祖的人心中的匱乏和不足。我們也期望未來能有更多描寫馬祖的詩集、散文集或小說集的出版，讓馬祖的文學更興盛。

連江縣政府文化局長 吳曉雲

自序——擁有島嶼

從小，我就擁有一座島嶼——我的家鄉小琉球；在那裡出生，卻不在那裡長大。因為在那裡出生，所以生命屬於那座島嶼；因為不在那裡長大，讓我可以長長地思念、懷想、喜歡那一座島嶼。那些年，我用一次次與母親一起的返鄉，當成連結自己與島嶼的臍帶，那座陳舊的古宅，那些熟悉親切的老人，那些帶著我一起穿梭在硓砧厝和珊瑚礁小徑的同儕小友，豐富了我的生命，填補了生命的空缺，讓我有機會擁有這座島嶼。

後來，我擁有另外一座島嶼——金門。我在那裡戍守將近兩年，待過金剛堡、南隘坑道、洋山，第一次得到國軍文藝金像獎，作品是二十首短詩《金門詩抄》，那是二十五歲的年紀，用詩的得獎來滿足自己的年少輕狂。可那也是初初走出軍校踏入部隊，滿腔熱血無處灑，一顆頭顱無處拋，滿腦子的金戈鐵馬氣吞萬里如虎的年紀；我在那座島上四處遊走，尋訪宋明遺跡，踏查戰爭舊痕，追尋父兄走過的腳印；在金門的海邊一面遙望故國江山，一面思念故鄉家人。夜路上的星月、海岸邊的潮聲，一一融入年輕的心懷。一趟戍邊，金門這座島已經在我的生命中擁有了一席之地，再去，便都是舊地重遊。

我以前不是沒到過馬祖。在步兵學校兵器組擔任教官期間，有一年本職學能測驗，跟著測考小組到南竿、北竿、西莒，測一二〇砲。馬祖五月的天氣還很冷，冷到我們得穿上草綠夾克，潮濕的空氣濡濕了坑道、營舍地板，惡劣的海象讓我上船不到三十秒就趴在船舷上嘔吐。調到部裡後，曾經陪部長搭乘直昇機到東引、南竿慰問部隊，和官兵共進午餐後返部。那二趟馬祖行，雖然跑了四座島，卻都只有零碎片段的記憶，印象不深。

二〇一五年七月，我參加了齊東詩舍「詩的旅行」的馬祖之旅。這麼多年後，這幾個遠在北方的陌生島嶼讓我心動了！對我們那個年代的職業軍人而言，金門馬祖是很難不去的，金門待了二年，已經沒有遺憾，現在該是一覽馬祖風光的時候了。「詩的旅行」主要是在二十日的下午，由馬祖詩人謝昭華主講。我沒參加齊東詩舍的三日行，而是選擇自由行。

走到路的盡頭，那是生命和旅行的態度。

十九日到二十一日，在南北竿都租了機車代步，雖熱，但照著簡單的觀光地圖，想到哪就到哪，騎到每一條路的盡頭；那已不只是地理的探索，更是一種生命的態度，我覺得，那才是真正的旅遊。

就走到路的盡頭吧！北竿尼姑山最南端的海岸，隔著淺淺的一衣帶水與小小的蛤蜊島對望；涼亭另一邊，架竹桃包夾的長長階梯盡頭，廢棄的班哨下方，看著黑色、赭黃色、黑色的礁石，以及拍擊尖銳礁岸的驚濤白浪。島嶼的北端，橋仔村後方山路的盡頭，在十八位道友一起修建的懷恩道場，隔水看著大坵、小坵、亮島。東邊戰爭與和平紀念園區的〇六、〇八據點，看著夕日餘暉中報廢的戰車火砲，碉堡射口刮刀型刺絲外的爬藤與腐朽的砲身砲架，透露著一絲荒涼的氣息。

在南竿，最先映入眼簾的是港口旁的「枕戈待旦」巨型照壁，和蔣公紀念園區山壁上白色的六角形階梯，那已成了馬祖的標記之一；馬港海邊天后宮裡那座世上唯一的媽祖衣冠塚，和斜對面山頂上矗立的媽祖巨神像，讓神話人物在現實世界裡真實再現；早期的政經中心牛角聚落，依山而建豐富多彩的閩東建築群，在懷舊氛圍中散發出新生的氣息；小小的鐵堡像一座不沉的戰艦，乘載著許多軍人鋼鐵般的青春歲月，如今變成遊客絡繹踏尋的景點；登上南竿最高的雲台山，四顧蒼茫的感覺唯有親臨才能體會。

到馬祖，不能不看藍眼淚。北竿當天晚上十點過後，我獨自騎著機車從坂里大宅出發，闃黑無人的路旁傳來陣陣濤聲，經過芹壁直奔后澳海灘，在機場旁的馬鼻灣海邊，正在漲潮的沙灘，沿著不斷變換的潮線蹲下來，潮水漲上來，終於見到星沙，那一顆一顆小小的星沙，不知道經過多長遠的旅程，漂漂蕩蕩隨波逐流來到我眼前，在那瞬間發出幽微藍光，一閃而滅。那一刻，我笑了！那一刻，我感動了！

在牛角聚落的晚上，我獨自一人下到牛角澳海灣，站在海浪拍打的潮線一顆礁石上，看著海面翻湧的點點藍光，那就不是星沙了，是真真實實的藍眼淚，浪濤湧動時，它們在海裡發出藍光，浪打了上來，一顆顆藍眼淚濺起落在礁石的青苔上、落在我的鞋面上，這些藍光留得比星沙久一些，像似跟我對眼凝視，然後慢慢偃息消失。一位從清水村過來穿著青蛙裝的漁夫，跟我說海裡都是藍眼淚，「都是啊！」為我，他撒了一網，提起來，整張網上是滿滿閃爍的藍眼淚，那一刻，心裡的感動難以言喻。

我那兩年宗教學的背景，在這碧波蕩漾的海角伸出敏銳的觸角。馬祖的神靈跟台灣熟悉的宗教神祇有著極大的差異，詩人謝昭華說這裡最大的信仰是白馬尊王，其次是五靈公。不僅如此，馬祖各島許多神靈是海上漂來的浮屍，或是落難的神像，被當地百姓撈起來後，屢次顯靈庇佑鄉里，因而成神成聖。這樣的神祇，多了一份草根性，也更貼近海島漁民敬天敬神的性格。尤其廟宇之多，讓人稱奇，最具代表性的是神比人多的北竿橋仔村，我清楚記得賣阿婆黃金餃的年輕人說的，平均兩尊神保護一個人！

那一趟，花了三天的時間，把南北竿的每一條大馬路幾乎都跑遍了，但是遺落的地方還是不少。回來後，曬傷的皮膚開始脫皮，但是馬祖的記憶卻烙入生命之中，那裡還有許多地方吸引我，包括人、景、物，我心裡還深深惦記著。

那時馬祖文化局正在徵求文化叢書和補助出版，我寫了一份企畫書，準備以五百行長詩加五十首短詩，向文化局申請文化叢書撰寫，並附上剛剛寫好的四首詩，幸而獲得通過，限定在今（二〇一六）年四月底交稿，那時，心想還得再去一趟馬祖，將四鄉五島都跑過才行。後來，我忙著準備高師大國文所博士班的考試，進度就慢了下來，直到三月底，才寫了十幾首短詩。

四月四日再度踏上馬祖，遇見的人、看到的景，又大異於第一趟。我是行前兩天才打電話給指揮官老莫，我帶過他們分科，跟他一起在兩么砲指部幹營長，這次行程蒙他多方安排照拂，有了莫大便利。政戰主任育琳，國軍目前唯一的女將軍，在女性柔軟身段中，展現不讓鬚眉的巾幗之氣，她盡心盡力輔佐指揮官的默契更是令人讚嘆。第一站到東引，親自到碼頭接我的廖指揮官，熱情地和我以同學相識相認的張議長，親自下廚的派出所所長，許多當地的朋友，讓我感受到東引的熱情。在東莒，遇到步校么兩洞砲組小首席的徒弟──預校、官校畢業卻軍旅受挫的跆拳四段高手大坤；在西莒，原本想找村長們聊聊，大隊長發忠說：「村長都捕魚去了！」在南竿，再度來到牛角聚落，得識女詩人枝蓮；在四維做醋和酒糟文創的黃老闆，告訴我海盜林義和的第一手事蹟，他說北竿海盜屋的陳中平在他們眼裡不是大咖；到了北竿，漁夫詩人黃鵬武卻告訴我陳中平忠肝義膽、有情有義的一生。

還有兩趟行程都去叨擾的芹壁愛情海老闆，我官校同寢室的室友德雄夫婦，讓我在最棒的房間獨享芹壁最美的風景。

那一個月，帶家人回高雄掃墓，到馬祖采風、準備考試，還帶孩子到大學面試，之後把還沒看完的書看完，到高雄應考，壓力真的好大。但我就這麼一路拔腿狂奔，在一個月內把這些事全搞定，却也付出慘痛的代價。面試完隔天，牙齒痛得半邊臉都腫了，考完試回到家，接著重感冒，我在半睡半醒的昏沉狀態下硬撐著把詩稿完成了，如期交了出去。

交稿，並不代表完成。很感謝兩位評審的評點，一位鼓勵有加，一位如實針貶，讓我對這份初稿有了更多省視的機會。修修改改中，終於要付梓了！感謝家人的支持和一路走來的青山綠水，感謝連江縣政府文化局給我機會和協助，感謝旅程中協助過我的朋友，感謝旅途中相遇的人，感謝馬祖，讓我擁有另一座島嶼。

二〇一六年十月　蔡富澧

碧海連江——散落閩江口的珍珠

第二輯　風土人情篇……六三

第一輯 碧海連江

——散落閩江口的珍珠

第一輯　碧海連江

──散落閩江口的珍珠

一、你從海上升起，放出耀眼的光芒

追索身世的那一瞬
宇宙張開眼，看見了
你，從此與星雲同遊
銀河同在的軀體，甚至
古老得近乎遺忘
於黃土高原與文化的邊陲

近乎忘了自己
曾被時間的信風
反覆吹掠與崩壞熱與塵

地殼的變動，月光
切割了波紋與節令
沒有悲傷
你是天地不小心
遺落海原的幾滴
清淚，與海
有著同樣的鹹度與呼吸

你有一千畝耕地
在滄海底下歌唱
像珊瑚蟲一般生長
和死亡，如同白天黑夜

自然交替，如潮汐漲落
那麼順理成章

你有一對翅膀圍繞著
太陽在軌道上
運行，抽離
是一種獎賞，相對於烽火
戰亂與焚毀一再輪迴
隱伏就是原原本本的
道與自然

終於浮出水面
呼吸
第一口日光，努力
尋覓最原始的葉綠素
讓野草在藻類之後

蹄痕和腳印之前將你荒蕪

那時，象形文字還沒有
出現，所有溝通都是心靈
直接的呈現，以歌
唱出海和天的親密接軌
那時你不需要名字甚至
經緯度，比長夜裡孤獨的
一顆星更坦然

那時江水已經流了很多個日夜
沒有所謂的日月年或
時與刻，流動
隱含了不動的真相
每一個當下都是不存在的真實
每一個存在都是江水與海洋

折衝之後的真實
那條江後來被叫做閩江

你的隱伏是一種消極的得意
超脫世人眼光之外
近乎莊子，用與無用
只被日與月的齒輪在皺紋之外切割
打磨

等著有一天被隻手撈起
帶著濕淋淋淌下的水聲

隱隱聽見，隔岸觀火
竹帛上的篆隸行草與楷書
寫著一頁頁血淚
匯成的洪流，都與你無關
只見滔滔成河的血色

與不平，今日王明日寇
所有興替悲歡
依舊在，斷腸辭章荒唐史

三皇五帝夏商周
承平歲月亂離人，說不盡
你那長長散落的列島
如一顆顆光芒璀璨的珍珠
遺世獨立的洋流潮汐與
冷暖，照見
繁華貴冑的五蘊皆空
靜靜地，度過一切苦厄
期待有朝一日在歷史的軌道上
脫穎而出，光榮登場

二、時間訴說著海洋的身世

信風吹掠，月色
溫潤如玉的一條山路
蜿蜒纏繞島嶼蠻荒的山頭
俯瞰碧波蕩漾的澳灣
舳艫與舢舨從彼岸出發
載著與天爭勝的豪情
與靠天吃飯的無奈
航遍每一條歷史轉折
坎坷滄桑的航道與徑路
在鹹淡交界的水域
向更遠更長的離別
浩瀚闖蕩

每一次落槳都是波濤
洶湧，風雲激盪的
變局，亂石崩雲
驚濤激盪一個個目光的盡頭
撒網，功名利祿都在
粗摩若礪的手掌指縫間
穿梭與牽掛
魚場和季風指涉的
意義，行囊飽餒
春來秋返
成就島嶼聚落的千年興衰

閩江口外波濤總是掀動
漁民原始的藍色慾望與意志
往東海往南海，航道

交叉的的輻輳點上，冷暖
海流的交會處是魚群和漁夫
麇集的天堂，竿塘洋
簡陋的帆影古老的史書
留下亙古身影

沐手翻出最早的一頁
史書，南宋烽火煙硝中
福州的士大夫
梁克家，乘桴遨遊海上仙山後
難忘碧波間的見聞與
回憶，蘸墨運筆
在書房軒窗前
寫下《三山志》：
上下竿塘……
俱在現東北海中

蛛絲馬跡般的文字
迤邐成後人追尋的線索
一顆顆海上的珍珠
赭黃的山石翠綠群樹
在雪白浪花拍擊中
勾勒完整迷人的夢
一個個背風的澳口
孕育成漁民夢寐
以求的良港

隱密的線索在時光中蜿蜒
超越信史傳說和甲骨文
六千年前，文字尚未出現
形似白犬的島嶼
虛空中已炊煙裊裊

東莒熾坪隴，遙遠的記憶
一點點清水、野菜
碧波滋養的魚群
最簡樸的生活和單純的信念

新石器時代晚期的陽光
照在精心燒製的陶器上
仔細打磨的石器
在歲月的洪流裡碎裂
一萬多片碎片烙下
粗糙的掌紋和一段段
不被記錄的海島生活史

海水浸泡過貝殼的紋路
鈣化的動物骨骼撐起一方
泥土，那是一種陪伴

先民的汗水韌性與無奈
在被中原神話巫術和君權
遺忘的年代最終的選擇
貧瘠的東莒島
每一個呼吸和日子都是
考驗

沉甸甸的考古學
被陳仲玉劉益昌帶到島嶼
翻挖寸草礫石與黃泥
翻出唐末宋元福正村
蔡園里的五百餘片陶瓷片
魚骨獸骨和貝殼
也許踩碎了石化的腳印
聽錯了風化的中原古音
斑駁歲月中的錯解或

誤讀，都無改於歷史的摺痕

唐詩宋詞引一折元曲
明月清風相伴絲竹管弦
傳唱風靡大陸塊的世世代代
海上不傳文學殿堂的雅音
舟子隨興唱出的船歌
是海島荒煙千古流傳
無價的寶藏

那些年，中原大地
柳永把浮名換了淺斟低唱
東坡在歲月動盪的江岸
對拍岸驚濤高唱流離
歐陽脩修成新唐史
司馬光十九年白了一頭黑髮

編撰可供治世的通鑑

這一段光輝歲月
長樂連江的北宋子民
連袂循著閩江的潮汐
探訪生命的漲落
在島嶼貧瘠的礁石間
尋找春天的種子
一個家族綿延的希望

築塘墾田躬耕漁樵
男不歌楊柳，女不唱明月
安安分分划一葉扁舟
在厚厚的宋史元史明史
泛黃的書頁中潛行
捕撈一行行辛酸與堅毅

三、風雲輾轉著島嶼的悲歌

航行的起點就是挑戰
一個命運和運氣的線頭
逐浪般循著漸漸褪色的航跡
向無人試膽的海域深入
潮流底下優游的魚群
洋流是未知的威脅
風暴偽裝友善的信使
握住網罟的手是跟死神拔河
跟王朝官府的威權對抗
求生或死亡在呼吸之間徘徊
忍受或發難拚或不拚都是
一顆種子，在日月裡糾結

度過宋元幾百年
不管春花秋月何時了
不留取丹心照汗青
中原漢土的興衰
外族鐵蹄的欺壓暴政
淺淺的水域散發天堂般的光芒
羅列的珍珠鋪陳快意人生
一個夢牽引另一個
夢，越來越多
變成珠串渡海而來
在上下竿塘築一個風雨之外
可以自在繁衍起伏做夢
繁榮好多代的家

洪武二十年，海上

烈火般的落日預告著結束
一個曾經避世的時代
漁歌相伴的航程和家族
綿延的記憶，生長的根基
一道詔令是驚雷[一]
錯劈了閩江口外無辜的生靈
三十六個時辰的期限

一　郝玉麟、謝道承，《福建通志（乾隆二年刊本）》（臺北市：臺灣商務書館，1983年），卷三，頁二十一：「明洪武中，遣江夏侯周德興，視海防倭，侯轉委福州右衛指揮李彝，彝索賄無厭，民怨之。福清林揚者，素任俠，尚氣節，乃率里人逐彝。彝怒，遂畫圖以奏，且言：「海壇山本一孤嶼，外通琉球一晝夜，內接鎮東城三晝夜。」巡司只畫一寨，煙墩悉行抹去。」太祖覽圖，下旨，曰：「各省孤嶼，人民既不得他用，又被他作歹，可盡行調過，連山附城居住，給官田與耕，宅舍與居。」於是福建、廣東暨澎湖三十六嶼，盡行調過，以三日為期，限民徙內，後者死。民倉卒不得舟，皆編門戶、床簀為筏，覆溺無算。時海壇已墟，而田稅五千餘石、錢三十餘萬及雜徭皆如故。鞭、笞、囚、系者無虛日，民多鬻子女，至有雉經者。揚奮然曰：「傷我海頭民，不死海，且死賦耳。」乃詣闕上書言狀。詔逮彝及揚，令守臣究實具奏。彝懼，投繯死，守臣遷延不即報。至宣德初，報上，詔釋揚，下旨：「凡孤嶼調移者，其產業稅銀及雜役俱免一半。」於是閩、廣、潮、浙之人皆頌揚德。揚之子孫科第累累不絕云。」

是一道陰陽世間的催命符
搶在生死線前
用哭聲拆了門板床櫃
以淚水編成木筏
渡過一片牆屍瓦屑的人間惡海
撥弄算盤計算靈魂
升天的一筆爛帳

悲劇是島嶼的往日
最痛的記憶，最難抹滅的
哭聲彷彿要與碧海嗚咽
同在，遼闊的海面
從此自由只留給鷗鳥
幸福歸於魚蝦貝類
官軍守著島嶼空蕩蕩的水寨
拭著幾片雲影掉落的輕淚

懺悔自己造下的殺業
清風拂過的閩江口
遲來的正義在虛空中冷笑

散了，層雲期待再相聚
海上珍珠盡成荒島
紅頭燕鷗年年人間
巢笑政治一如潮浪
百年起落，一朝天子
明朝中葉舟楫又現
滄海再度闢出一條生路
荊棘芒草藤蔓荒煙
又被腳印家屋炊煙取代
聚落不再虛無縹緲
耕或漁，撐起頭上一片天

改朝換代，冷冷清風
關外吹來，席捲中原大地
割除海上那顆帝國之瘤
遷界移民的令牌從紫禁城射出
濤聲所及沿海幾萬里
土地家園盡成廢墟[二]
列島躲不過再次遷徙
生命財產與厄運栓在一塊
家屋在烈焰中灰飛煙滅
田園被鐵蹄搗毀
海上的船隻焚化為帝國王船
竿塘，良民不准涉足的禁地
也是海盜風雲的起點

二：《海上見聞錄》，中國哲學書電子化計劃。http://ctext.org/wiki.pl?if=gb&chapter=794626。阮旻錫《海上見聞錄》：「上自遼東，下至廣東，皆遷徙，築短牆，立界碑，撥兵戍守，出界者死，百姓失業流離死亡者以億萬計。」

四、神話與海盜共構的海上傳奇

一個個善良的島嶼
虔誠善待每一個神靈生命
一個個純樸敦厚的百姓
不忘自己和祖先渡海的艱辛
或生或死都待之以敬
祭之以誠，長享香火

風浪無情
海上總有無辜的落難者
無歸的一縷幽魂
黃泉路上漂漂盪盪
也許輾轉碧波山海間

就此沉埋做了波臣
也許，漂到某個澳口
被善良的百姓撈起奉祀
立廟成神，時時顯靈
福佑大海島嶼間芸芸蒼生
歲時香火燻黑了面龐
時間累積了功德
神蹟直達天庭神格晉升

閩江口外浪湧的春秋
說不盡神話
山海之間眾口悠悠傳唱著
血性男子的豪情
廟是海上心靈的皈依與救贖
鐫刻超現實的良善與天命

芹壁天后宮為蛙神敞開大門
時間的軌道直通大唐開啟
江西窮鄉靖思村小青蛙們
堵住溢出的塘水
打開通往神壇的大門
村民立廟奉祀神仙提攜
修練，四處雲遊
芹壁修建花崗石天后宮
蛙神獲選為將
玉封「鐵甲將軍」再晉升
元帥，愛花愛戲愛酒

慶典時，鐵甲元帥宴請好友
宋朝末年毀容隱姓埋名於北竿島
結交四傑八雄，刺殺鎮閩王
並取首級以告祭先朝

寡不敵眾自刎明志的白沙平水尊王
虎龍山道教聖境的上村趙元帥
舉杯共飲，酒香泯除了
人神悲歡的界線

漢朝閩越國英姿颯爽的王子
白馬三郎替民除害
彎弓搭箭射向為禍鄉里的大鱔
臨死的反撲
王子和白馬一起溺斃同時
成神，滴達的蹄聲繼續馳騁
護佑東南江山，先民
渡海依舊虔誠奉祀著
白馬三郎，最終
成了馬祖最大信仰

橋仔境，神比人多的港灣
輕波漂來鳳凰上苑女帥林素英
官宦書香因守節而投江的
一縷幽魂，在異鄉靈修
得道，掌兩府帥印
三百年後到橋仔
滿信徒一個個求男求女
傳遞香火的願
玄天上帝玄壇公和山西靈台公
三廟結義連成一體
將村民的心緊緊繫住
一村不滿百，八廟
二百多尊神，年輕人說
「平均二尊神保護一個人」
神靈的加持垂佑
在滄海桑田波光裡

成了可愛的笑談

廟小人欺神！
山隴大王宮高不及二尺
官員劉國安路經此地
藐視廟小未進香
第二天廟壁出現警語
膽大你劉國安，藐視我小廟仔
你明年有官運，罰你十兩三
隔年神旨兌現
高升後，劉國安乖乖來此還願
修建白馬尊王廟，日升月落
至今守護山隴灣

矗立山頭的巨神像
日夜護佑著過往的船隻

那年林默娘投海救父
抱著父親隨波逐浪
兩人遺體和孝行越過漲落的
潮線，唯一的衣冠從此永存
島嶼，神恩如同光芒向
四方輻射，宋元明清
累代加官追封天上聖母
媽祖，成了列島
地名和最大的恩典

海潮、風浪、魚穫、生死
技術搏不過天候
信念鬥不過皇權
命運只能倚靠神靈
心事全託於天
聚落裡，漂流的浮屍升格

成為神話

海盜是另一種傳奇
倭寇，明朝為患最烈的毒瘤
沿海沃野成了焦土
滄海間，為了生存
為爭一口氣
良民下海為盜，為生命
尋找最原始的出口
就像蔡牽，童年
見到難得開天門許願則靈
蔡牽許願當皇帝
堂弟一巴掌打他後腦勺
說：你賊啊！
從此東南海面橫行無阻

慾望沿著遼闊的海面延展
蔡牽終於在滬尾建立一代政權
年號光明，稱鎮海威武王
呼風喚雨揮灑快意人生
名副其實的賊皇帝
嘉慶十四年那場海戰
砲彈射盡繼而用銀元
最終抱著黃金和遺恨
沉入東湧海面黑水深洋中
傳奇的海盜生涯落幕

短命的光明政權和無畏的精神
繼續注入林義和陳忠平
張逸舟忠奸莫辨的血脈
每個人以槍為筆蘸血寫詩
彩繪生命的花朵也書寫亂世

千百年的潮聲細訴
一條條遭逢坎坷的徑路

五、烽火人間的亂世之花

國事蜩螗，風雨飄搖
積弱的滿清帝國
在列強的槍口下屈辱偷生
戰火未曾燒到列島
福州成為通商口岸
卻給了島嶼生機
連江長樂沿海居民
又從烽火夾縫裡看到
希望的潮水一波波湧進

中國不幸竿塘幸
茶葉竹材布匹石油煙草西藥鴉片
商賈的身影擠進歷史的門縫

魚群美麗的吸引力
誘惑打魚人家出海捕撈希望
網罟日月與風險
醃製一尾尾鱗片包裹的未來
魚的生命在鹹味中延續
海鹽成了明確的渴望
二萬多擔的需求[三]
龐大的利益和爭鬥一起
主宰了海與岸質變了人與情

三　《福建鹽政誌》記載：寧福各島醃魚配鹽旺淡季銷量統計，西洋島旺九千餘擔，淡四千餘擔；北霜島旺七、八千擔，淡三、四千擔；東湧島旺三千餘擔、淡一千五、六百擔；南竿島旺六、七千擔，淡三、四千擔；北竿島旺一萬四、五千擔，淡六、七千擔。因未能找到原書，故作者依北竿鄉誌內容引用。

驚動英桂在塘岐、橋仔兩村立碑
禁制就地配鹽，紛爭才得平息

歲月如水從指間流逝
歷史在星月間尋找
無定的出口，必然的宿命
椎牛祭天，十三副遺甲起兵
以中華大地為舞台的清廷
擋不住革命浪潮的衝擊
血紅的土地朗朗青天
另一輪白日順勢向新世紀奮起
竿塘列島卻像珍珠般
度過一個個無波的冬暖夏涼
靜靜地，被遺忘

遺忘其實不曾忘記

總有一個意象
像隱晦的詩句庋藏在時間裡
苦難是解開心鎖的鑰匙
民國八年農曆七月三十夜那場
颱風，大潮暴雨淹沒海堤
滾滾濁水飛唱著一曲悲歌
五六萬個泡水的夢無從醒來
一雙雙腳打泥濘裡出走
許多人嘆氣垂淚流落到竿塘
造就島嶼的另一番榮景

塘岐、橋仔，列島的聚寶盆
帶來滿天繁星般的
帶魚、蝦皮，海中的寶
磁吸了長樂梅花漁民
也造就了富商鄭水哥

錢莊商號，販賣鹽米百貨
十三艘麻纜船
雇工二百餘人的榮景

鄭水哥與南竿海盜林義和
像麻繩上的兩股細索
將生命和利益緊緊纏繞
鄭水哥總將奮鬥的部分利潤
經陳忠平轉交林義和
帶著手下三千人
林義和周旋於青天白日
與火紅的太陽旗之間
在西尾村設發電廠兵工廠
讓家鄉在海中發出亮光
有一回陳忠平救了鄭水哥
難逃一死的鄭水哥

將陳託付林義和
陳忠平帶著手下返回北竿
當主任，建芹壁海盜屋

那是海盜風起雲湧的年代
白犬島余宏清（阿楻）
擋不住太陽淫威，靠日軍
當起「福建和平救國軍」總司令
王福明、張逸舟繼任
林義和收編白犬島林震
林震投靠被軍統控制的張逸舟
張逸舟靠日軍鬥垮林義和
鄭德明、林震用鐵板夾住
水性絕佳的林義和
一代梟雄終歸墜海做了波臣
雄偉的海盜屋剛蓋好

陳忠平就從門前
踏上天涯盡頭的亡命之路

奸耶？盜耶？終究是條不歸路啊
生逢亂世，活命是最重的
壓力，人前的堅強總在
暗夜卸下，多少辛酸無奈
像藤蔓向上攀爬，誰勢力大
就成了依附的那棵樹
永遠的弱肉強食物競天擇
一生血淚只為了在天地間
搏個安身立命光宗耀祖
至今鄉里仍傳頌他們
亂世兒女血淚交織的海上傳奇

六、生死有命的殉身無悔

中原大地一片一片被剝奪
江山日落之後換了主人
脈脈青山長埋了多少忠骨
黃塵捲去無數生靈
時代的悲劇讓人無所遁逃
我們的歌飄過滄桑的經緯線
幸運地隨軍退守海隅
天天掬著鄉愁洗臉
不敢讓人看見流下的淚
夜裡用滿滿的思念撐起
漫長的衛哨和滿天親人的星眸
那年代，生聚教訓反共抗俄

是寫在心上刺在肉裡
島嶼被磨礪成海岸線上的
芒刺，銳利的匕首
十萬大軍雄鎮閩江口
湛藍波濤將歲月封印
成國史崢嶸的扉頁
卻也是島民無奈的辛酸

閑散浪蕩慣了的漁民
拿起槍保衛自己的家園
漂流成了禁忌
法律等同軍人嚴格
孩子失去沖天炮的童年
少了鴿子翱翔的意象
風箏是童稚的心靈遙遠的
渴望，貧乏失色的滿足

入夜宵禁，燈光像天大的秘密
被每一戶人家牢牢封鎖
島嶼的長夜只有星光
照著離鄉戍守的年輕戰士
冷風穿過的碉堡
多少老兵抱著老酒
想起隔海的娘親就掉淚
那些年，許多年輕的精力
鑿開花崗岩，打造長長的坑道
隱藏兵力保存戰力
期待有一天從地底出征

雙不打，連單打也已停火
早就從戰地解除政務
兩岸決戰終究沒來

厚厚的冰層開始融解
春天的氣息往四處飄散
福澳到馬尾，白沙到黃岐
斷絕數十年的航道
再度串起兩岸的鄉情
海上如織如雁的旅客
無非當年敵對仇視的對象
命運總會開玩笑
總是放不下戰備的列島
終究要開啟大門
準備迎接未知的新時代

七、航向黎明的終章

清晨六點，東引中柱港外
低沉汽笛響起
已經航行一個晚上，臺馬之星
帶著沿路風霜和海鹽
在曙光中緩緩入港
上船下船，卸貨裝貨
沒有太多問候和耽擱
原船繼續駛向福澳港
迎著海上清風粼粼波光
快樂返回基隆港
隔天反向再航行一趟
這是一個循環

不因季節天候而改變
永遠逡巡守護著
這些閩江口外散落的珍珠
島嶼的身世熔岩的質地
歷史的嗚咽和人世的滄桑
走在傾圮的聚落老屋間
飛揚的黃沙帶不動千年愁緒
再多苦難都已成為過往
善良的人心讓荒島變天堂

燕秀潮音聽的是內心的澎湃
一線觀天觀的三千大千世界
鐵堡更堅硬的是人的意志
迷離夢幻的北海坑道誰知艱辛
夢幻之魚出現過，神話之鳥
來過，一梯又一梯的士兵

在這裡留下青春的回憶
在地的年輕人用鄉愁
兌換自己的夢想
只有海邊的老詩人驕傲地說
我一輩子沒離開過橋仔
詩是不能當飯吃的千秋事業
島嶼是不沉不動的船
船是乘載遊子思念的島嶼
千古江山驚濤裂岸的歷史巨流
終究要回歸山高水長
碧海連江的家園之愛
那一串散落閩江口的珍珠

第二輯　風土人情篇

第二輯　風土人情篇

馬祖，不忘相知

忘了！就忘了吧
就當今生緣分已盡
行走天涯漂浪築夢
不知，就不知吧
就當世間從來不存在

人生匆匆如幻
偏偏在我知命之年後
再次見你，在最美的時刻
才知道魂縈夢繫不是
詩詞，是天意

遙遠只是心的疏離
戎馬行腳跨海而來的年輕
歲月把幾個日出移來
馬祖，要我記得
這裡山之堅硬海之洶湧
這幾座島嶼因緣之深
用船舷暈眩之快
和風浪間的嘔吐之苦

當年青春初渡，草綠服

在晃蕩的船頭吹掠
風中貪看
一天水色山石和江山
那是戍守疆土捍衛
家園故國的心志
馬祖是最遙遠的一粒沙
一座島，一個念
一把不能放棄的匕首

南竿北竿到西莒
那年的風浪和守軍的戰鬥意志
一樣高，一樣把旅程塞滿
戰地的情愁與憧憬
巨艦客輪和舢舨
搭起一段段不連續的
行程，連貫的記憶

像一顆種子深深埋下
從來不曾遺忘
只是不知因緣的安排
讓我再次遇見
最美的你啊！馬祖
遙遠的世間
茫茫滄海中的定點
一個今生的懸念

南竿，和雨結一個緣

走到山隴公園最遠處
剛朝白馬尊王按下快門
還沒讀完短短的史略
雨就跨過欄杆
從青銅座騎騰躍的馬蹄下
飛一般滂沱殺來

隔著藍藍水域
我只能在涼亭下獨自
閱讀這場經歷朝代興衰
黃土中原江南聲息的

急雨，何時能停

島嶼很小
多年來承受著整個大陸
解放和血洗的壓力
島嶼像珍珠羅列
這裡是各島的神經中樞
不怪風雨，只怪
蒼茫的風雲靠得太近

總是要走的，不是風雨
就是我
趕來，跟南竿這場雨
結一個緣

我醉了！馬祖大麴

瓶蓋打開
時間的香味溢出之後
慶幸自己還沒受戒
為此
我可以破例喝上一口
就醉了

沒有多少停留
像風一樣
吹過舌的曠野
帶著穀物的清香

和詩人的醉意
只要小小一口

就要離開了
告別這座島嶼之前
慶幸自己還沒受戒
為此
我可以破例帶上一瓶
就夠了

風吹過，坂里大宅

夏日，海風從遠方吹來
吹過坂里大宅牆角
那隻被壓了多年的石龜
還記得祖宗隔海遷徙的往事
一幕幕的辛酸，一滴滴汗水
夜夜吞不下的苦難
這麼多年，那隻贔屭
都牢牢馱在背上
馱到整個背都烏青了

還不肯放

鹹鹹的，海風
還帶著一絲淡淡苦味
早年的生活已經難以開口
才帶著一家老小渡海
捨棄王族的血緣
做一個海島營生的夢
總強過在家鄉苦等
一陣豪雨一個青天的恩典

在這貧瘠的坂里薄薄的
土地上，鋤開田畝
埋下鹹味的希望和無助
等著天賜的收割
總有轉機藏在最苦的日子

商賈的輪子轉來
一家的興旺

花崗石四面砌成高牆
當中讓位
給齊天大聖當家
多少個日子與神為伍以天為尊
元宵擺暝，熱鬧
一個晚上，祈求一年的平安
一家的興旺一世的幸福

到橋仔拜訪花甲詩人

聽說你是討海的
一位詩人

我迢迢前來拜訪探問
關於寫詩這條路
你說自己只有國小畢業
不是正統，幾分靦腆
卻得意那年考了六百分
校長讓全校學生脫帽

向你致敬

你還說了，你的父親
橋仔公認的美男子
拿了伊五先生的介紹信
到福州不讀書卻跑去遊蕩
結識賭技通天的賭神
花光了錢才回來
博得一個「野雞」的稱號

你說，這一生從沒離開過橋仔
卻在二十四史資治通鑑和史記
穿梭了好多回
海盜和傳奇都已湮遠
幸好老人家口中
還被你挖出不少的遺跡

蔡牽的命！
你笑得那麼燦爛
非關一生
那是捕不到魚的人被嘲笑的
慣用語，只有橋仔
找得到往日的繁華

你很努力，幫海盜陳中平
平反，高大帥氣的正派男子
在那亂世奮力求生
扛一世的罵名保全父母嬌妻
離開北竿，已經預見
今生終究無法善終的命運

走過大坵高登諸島，深入黃岐

尋訪陳中平夫人的行蹤
你終於了然無憾
即便花了好多錢
寫了從沒發表的十幾萬字
厚厚一疊稿紙，如今
也不知道藏在哪個角落了

聊了好久
始終沒有說到詩
你是討海的
一位詩人

阿婆的黃金歲月

夕陽照在臉上
金黃色的
臉龐還停佇著年輕美麗的
影子，風乾的玉米
老舊的空水壺
掛在牆上
伴隨每一個薄暮
我很有名吶！你說

不吝展現自己
那一手傲人的黃金餃
那一張水嫩的外皮
包著甜甜的糖
涔涔的汗潸潸的
淚，以及青春
到老的歲月

你依舊眷戀著
這手聞名的黃金餃
可以冷可以熱
品嘗或帶走的味道
咀嚼回味和懷念
就像橋仔安身
度過的每一天

雲記書齋

雲請進來
喝茶，海被邀來
陪客，風是隨興的
孩子在屋裡
窗外竄來竄去

芹壁山村幽靜
古老的巷弄闃寂
主人興起橫著一根綠竹
吹奏翰墨濡染的

煙雲

揮灑一帖觀自在的心經

光從天上借來
卷軸從手上輸出
行雲流水
來去無礙的寫意人生
裱在牆上

柴門通常不掩
茶在桌上
主人若不在　心在
土不親人親
來了就當家裡
走了不用道謝
不留一片雲

褪盡鹹味的鹽碑

你用舌頭
嚐不出歷史的鹹味
只有花崗石上淡淡的
一縷幽情，訴說
過往的逞兇奪利和
風花雪月
一種時間陳釀的
海島情味

落難的神幸運的人
都在季風吹襲中
遷徙或落腳
小小的海灣遮風蔽雨
歲月淘洗船上布衣
岸上的魚寮草棚
逐漸盈實
聚落就從對岸遷移過來

繁華是魚群招惹的
因果，笑顏在港口間趕鮮
鹽粒是海洋最美的
結晶，將下雜魚
日夜在鄉鄰間做鹹
舟楫商賈跟著潮汐漲落
爭逐裹藏鹹淡多寡

秤頭高低的利潤
以及氣力血淚
義利交織的人生

世局紛亂的島嶼不是
天堂或樂土，鹽粒
既苦又鹹，像汗像淚
像難以捉摸的命運
碑文靜靜立著，宣示
應照何章何處之船
配何處之鹽不准混就漁捕
所有的爭端爭奪
平息之後，橋歸橋路歸路
碑也成了橋成了板
成了湮沒荒野的
一則傳說

別再舔了，舌頭
再長也嚐不出
歷史的風雨和碑上的
鹹淡

第三輯 信仰神靈篇

第三輯　信仰神靈篇

媽祖，最慈悲的守護神

那不僅僅是瞻仰了
踏上石階
千年史書沉沉地
朝我翻開，透著古老氣息
和神話傳說的底蘊
起步，就是生命的昇華

一步一階，每一個日子
風雨晨昏度過
三百六十五塊花崗石
砌起年年日日是好日的
輪迴，多少遊人如織過往
只有影子掃過空階，沒有腳印
在歷史的階梯上留痕
鳥聲啁啾的樹隙
總有明月相照

從山頂平台上升起
慈悲的眼眸日夜在長空
放光，二十九點六
五島四鄉
都在毫光照射之下

牢牢守護著
高度與面積是人間的隱喻
神靈的悲願

五島四鄉和普天萬民
都在身上繫著
背上揹著
一如當年投身入海
去尋覓父親的那份心
將眾生
牢牢地，放在心中

閩江口海峽邊世界的盡頭
大千世界如一芥子
千年一步
登頂是生命淬鍊的完成

虛空有盡
我願無窮啊！
心心念念歲歲年年

尊王白馬跨海來

烈日照射著
一匹白馬，高高提起
兩隻矯健的前蹄向空奔騰
彷彿臨戰那般
興奮，長長的飄鬣在風中
飛揚，昂首
劃破長空嘶嘶高鳴
三郎頭頂大漢的艷陽

騎著春風白馬
伸手從背後箭壺
抽出一支時光的預言
射中三丈巨鱔
戰鬥間和白馬一起
殞滅，那一刻
神話誕生
刻劃孚佑眾生的傳奇

從蕩漾碧波的彼岸渡海
二千一百餘年
從鱔溪白石境到
中澳境，像一條長長
血脈流過歷史的崗巒
香火分靈，落腳
風雲交會的

天涯與海角，以風
以雨護佑千千萬萬子民

三郎成神、封王
人間的傳奇在時間裡
發酵升溫，白馬忠心
護主，也跟著同享芻祀
十三擺暝，家家戶戶
一把把糧草煙火禋祀
讓三郎白馬捨身射鱔的
義舉繼續流傳
千年，或者萬年

英雄白沙稱尊王

歷史總要在神話傳說中
才會長出血肉鮮活起來
不及被載入史冊的
只有留待廟宇還給神靈一個公道
元朝鐵蹄肆虐的年代
多少英雄事蹟就如煙波湮沒
徒留一個個浮漚

那個沒有被歷史和人們遺忘的

浮漚，那段可歌可泣的
俠義傳奇，在石碑上
被正午的陽光照得刺眼發亮
像當年海灘上綿長的白沙
沙上留不住的腳印

從烽火漫天的大地逃離
就在這小小的北竿島
毀容埋名隱身，甘願
做一個暗夜的雄者
風總會吹向同一個方向
就像四傑八雄
十二個強者義結金蘭

福州街頭，以傷殘沿街行乞
拉長耳目刺探軍情

天意吧！讓他們刺殺了鎮閩王
取其首級告祭先朝，那是
何等英雄偉烈
卻是身陷險境的開端
為逃避搜捕，彈丸般的
進嶼成了生命終結的
驚嘆號！
國仇未報，李某不甘願啊
千古悲歌一怒吼

身與血化為塵土
骨與格昇華成
優遊閩東海域的一方神聖
護佑滅元大業的完成
福佑舟子航行平安

白沙海灘，白沙港
白沙村，神格一身雪白
的平水尊王聖靈端坐
背山面海的勝境
遙望故園山河宛然
於今只保人間國泰民安
天上風調雨順

和尚看經

千年了！或者更久
盤腿趺坐
凝心觀經
天地是一方蒲團
濤聲是梵唄
風雨海嵐是香煙
裊繞，人間
是道場

看著

一頁經書
無字
無法
無我
三千大千世界
盡羅其中

坐著
靜靜看經
無智
亦無得
以無所得故
心無罣礙

和尚
一直都在

看經
即非看經
是名看經

坂里天后宮路口的石獅

瘦瘦的兩隻石獅鎮守路口
風帶著淡淡的鹹味
從海上越過鞍部溜了進來
打了個呵欠，那石獅說
瘦是瘦，經年累月
咱兄弟倆可從沒脫過班失過職

當年天上聖母駕臨
整座廟宇重新興建之際

誰下的令讓阿兵哥來施工
那些年輕人也是委屈啊
拿槍拿砲的雙手
七揑八塑
按著自己的形象
就把咱兄弟倆塑這精壯樣兒了

日升月落，斗換星移
那些阿兵哥退了，走了
想必也早就挺個大肚子了
只有咱兄弟倆依舊
依舊細瘦精壯地日夜守著
海上來的每一道風
不信？你來查哨

第四輯　戰爭軍旅篇

第四輯　戰爭軍旅篇

路過舊海龍基地

我們走過的軌跡正好
與海龍蛙兵的歷史九十度
垂直交錯，已經鏽蝕的
那條軌道稍稍傾斜著
像一支尖銳的箭鏃
筆直射進藍藍的

海水邊緣，盪起一陣浪花
再往前一步，便跨過
戒嚴緊張的歲月，邁入
時光的隧道成為傳說

那一個個打著赤膊
只穿一條短褲
腿上別一把匕首便敢於
在礁岩浪花與伏湧裡
與敵人拚個你死我活的
漢子，黝黑的臉龐
歲月和體能都在海水裡
浸泡煎熬和苦等
一個獻身殺敵的機遇
與印證所學的日子

潮汐與港灣交互擁抱
軍旅與生死重疊
進是搏殺，退便解甲
命運總在季節變換的當口
交叉，一如我們走過
腳印是英雄傳說裡
臨時添加的一個註腳
讓往後年年
頻頻驚豔這一剎那

通向燕鷗來處的坑道

柵門攔住了裡頭的時間
包含官兵弟兄的記憶
以及被禁錮的外出的欲望
時不時，往坑道的盡頭
狹小的射口探探頭
看看坑道之外不同山石的顏色
聽聽軍歌之外海濤的聲音
這樣，過了好些年

四百五十個心情浮升與沉落的
階梯，光數都會數到忘記

燈光幽微，照不亮人生的道路
岩盤低落的任一滴水
都不做淚想，不做苦想
只做走想，大多數時間完全不想
除了最後一次拿著退伍令
頻頻回頭的走出坑道口
從此告別令人腳軟的
安東坑道踏上搖晃的台馬輪

許多年後還會有人回來
從洞口走下去看看
當年睡過、餵過、打過的老地方
看看燕鷗和紅尾鷗

混在一起或涇渭分明
就像當年戰雲密布的閩江口

看到豬舍外的印地安人頭和小狗頭
證明曾經來過，和風和海
共同彈奏一段驚濤協奏曲
在人生的某一段路上

沿著夢幻的水道行走

──南竿北海坑道

淡淡的燈光遠遠照來
如鏡的水面把坑道顛倒
印入底部，有一刻
以為那是真的

悄無聲息
夢一般的薄霧裡
一葉小舟從江南划來

搖櫓的那人
彷彿穿著唐裝
操著一口中原古音
悠悠吟唱漢唐樂府

沿著潮濕的走道
進入井字空間
每一步，都是美麗的
盛唐詩篇，都是
當年官兵血汗
在山的腹部穿鑿引水
暗藏戎機

戰雲從海峽淡去
神秘面紗揭開之後
原來，潮音穿透的坑道

美如西子，如夢如幻
堅硬的岩盤有水
滴滴如淚惹人輕憐

水聲燈影，迷離的行程
終究回到起點
回憶留在坑道的煙水之中
讚嘆都在言語之外

彌

——芹壁一〇據點

堅石刻字
鎮守么洞據點
傾斜的路口
讓遠來的風讀
讓路過的人
問

彌
嗎

弸嗎網嗎
都不是
念崩或棚
一把強弓
繃在芹壁的海邊
上中下三層
層層疊疊瞄準射口
對準敵人心臟

每一個日出月沒
潮漲潮落
一支步槍牢牢握著
雙眼牢牢盯著
一顆心穩穩守著
這座碉堡海域
和這方國土

安危他日終須仗啊
甘苦來時要共嘗
守著芹壁美麗的小小海灣
讓它歲歲月月
平平安安

穿梭戰爭與和平

烽火不息
依舊在臨海的角隅延燒
和平是一種期待
必須用彈丸硝煙固守
忘了，就完了

許多軍服褪色後被丟棄
在碉堡裡，軍人走了
蒼涼的風吹過空蕩蕩的門口
再也不肯進來問候

干戈織錦的年代成為絕響
戰爭化作景緻

砲彈會開花，燦爛一如
夜空的煙火
南國薊、野當歸、遍地的紫檀
春日漫開的野煙
經年的戍守已成往事
槍枝就此上牆進了櫥窗
烽火被時間封蓋

往前看超過一甲子
向下看深逾千尋
望內看熾熱有如岩漿
多少圓鍬十字鎬敲開岩層和歲月
把忠誠的種子深深埋下

長短句，問稼軒，永固亭
誰知箇中辛酸

遊人如織恍如潮水
濤聲隱隱傳來
當年戰火下的嗚咽悲泣
一一入館庋藏
為來客
說一段金戈鐵馬的迷彩歲月

暮從壁山下

仰角超過三十度
沿路的芒草迎面向我招手
追風是一種痛快

夏日，熾熱的島嶼
向晚的山頭仍有重重肅殺
前方是傾斜的陡坡
五節芒斜斜順風
被峰頂的陰影覆蓋暗沉
再前去是長長的跑道

飛躍的極限突破陰影近在眼前

風山雷山左側壓陣
公獅和母獅伏在海面威懾
大澳螺山蚌山一路溜了下去
藍眼淚總愛在后澳海灘現身
退潮的沙灘清出空間淨身以待
一場夜的藍色饗宴，幾座山頭
準備用星光鋪排迎賓曲
用雪白翻滾的浪花當成踏墊

觀景是突破戰爭封鎖線的缺口
貪婪的視線彷彿在琴弦上撥弄紓壓
風雲快速移動，天光泛紅
整座島嶼都在眼簾搜尋下戒嚴
飛掠過的歸鳥說：這是愛的恐怖

擁抱三百六十度的全景
高度是人生不可少的配備，壁山
值得花一個下午登臨
一輩子守護，烽火家人
天光水色與故國河山
暮色漸濃，風向山下吹
就跟著濃濃的暮色下山去吧

雲台高高與天齊

多少個朝政敗壞的荒年
逼撈蒼生
向苦難的日子輸誠
臨海一面，小小的島
萬頃碧波傾盪著
無盡的驚恐
劫掠是藏在每一個夜暗之中
窺伺人間福祉的爪牙
多少舟楫商旅在汪洋中

踏上淒涼黃泉路
就連餐風飲露的漁村
也被磨利的指爪
搜刮得遍體鱗傷血肉模糊
哀哀漁家，不知該問
蒼天還是滄海

山列百岳之中，雲在
青天之上，那一座烽火台
當年俯瞰多少危機
位於家村民預告解圍
一如當今
已經是制高點了，站在這裡
八方風雨盡在眼前
一幕幕顯影，九州生氣
都朝山巔一一雲集

伸出手指，順著蜿蜒的海岸
輕輕撫摸濤聲和潮汐
抬頭仰視
所有變幻詭譎的彤雲
都被逼視無所遁形
劍拔弩張的過往已經雲淡風輕
天光是最燦爛的訪客
雲台總被海潮雲彩簇擁

鐵堡雄風依舊在

挖空了礁石堅硬的肌理
一座堡壘在聖戰裡
宮殿般接受戰火重重的洗鍊
那些戍守的日子
一伸腿，腳下踏遍大海洶湧
抬望眼，望穿家園深處

長長的海岸線，彎彎的
浪濤把歲月折疊

拗成鐵一般的赭紅色
讓浪來打，日日夜夜都是
驚濤，應和著烽火兩岸
不平的時局和戰志

星空總是無盡的湛藍
瓊麻的尖刺總對著冷冷的
長風，撫平的
軍服和緊繃的琴弦
日子在崗哨和清槍線之間
游移，鷹的眼神
鐵的戰志，最美的青春

如果不是戰火的逼迫
今生只當個行腳過往的
旅人，走下來

山路和欄杆，不變的青春
會有不同的故事筆觸和
濤聲飛躍
在不同的琴譜上

短短的海域隔絕了兩邊海岸
淺淺的一座海岬
伸向肅殺的軍旅不能回顧
只有向前的旅程
回身，一朵停雲告訴我
一個鐵一般驃悍
剛強的故事，在不鏽的
鐵堡

腰山傾聽海的吟唱

地圖像一座迷宮
戰火是層層疊疊的腳印
指引歲月向眼眸更深處
探尋，每一支筆墨
寫下的風華與鏤刻的史蹟
留戀處
咻咻的風聲從樹梢吹遠

日子確定不再回來
戰士們也是

雖然都不會迷路
一生待過一次就成永遠
不變的記憶
烽火就這樣遠成一則傳說
路口的指標仍不放過
那發動砲擊的樞紐

海風吹過的砲彈筒上
飄著五十元的輔導長咖啡香
燦爛的日光蒸煮一鍋
八十元的老酒麵線
想必他們都是從這走過的吧
最後一天的戰靴和
草綠的身影，烽火的日子
遠遠迎來兩岸翰墨

山路巨石階梯碉堡坑道苗圃
走道窗櫺遠樹碧海天風
當年硝煙密布的會議室裡
一雙遠來的足跡
靜靜走過
滿牆遒勁的草書寫盡風騷

石上鐫刻的榮光

——大埔石刻

烈日下，湛藍的海水
看著不遠的岸邊
先是一陣刀光劍影
後來一場唇槍舌戰
事不關己的大海只能無奈
鼓動浪花繼續饒舌

那些年倭寇為禍甚鉅

東南半壁大明江山
被一撮撮東洋鬼子鬧得
雞犬不寧國勢日衰
名將戚繼光、俞大猷
督師轉戰沿海多年

在那聞倭喪膽的年代
生俘六十九名倭寇已夠彪炳
居然未傷一兵一卒堪稱神奇
沈有容，今人為他修了一條路
當年董應舉為他刻一座碑

萬曆疆梧大荒落
地臘後挾日
宣州沈君有容
獲生倭六十九名

於東沙之山
不傷一卒
閩人董應舉題此

神奇也得跟著島嶼浮沉
命運總帶幾分戲謔
不知何時黃土沉埋的
石碑重見天日
雷開瑄建亭
朱玖瑩撰文，哪知道
第一句就錯了
勞得後人說文解字之餘
還得更正一番

玻璃罩下，影落碑上
長風吹過亭台

一段光榮征戰的史蹟只讓
潮汐浪花和遠來的
你我知曉

第五輯　海洋島嶼篇

第五輯　海洋島嶼篇

航向馬祖列島

基隆港的燈影
金銀藍綠著兩岸
粉紫豔紅了生年
波光搖曳映照
如風多彩的人生
劃開粼粼的水紋

乘著長風
今夜，航向經緯線
外的遠端
一個海天相接
山高水長的夢

日落之後就是輪迴
潮汐總在心中
漲落，起伏的燈光樓影
勾勒一條歸鄉或出航

遊子不是過客
歸舟上那份擁擠
只有經年的離愁能懂
日月季節，最美的
風景總是那皺紋纏布

風霜侵蝕，藏在
航線彼端熟悉的臉龐

基隆港的夜
生命的沙漏，燈影
琉璃了遊子的心
璀璨著遊客的夢
從此海闊天空
或四海歸心
今夜，通通通過
這金銀琉璃
五光十色的港口

雨中乘臺馬輪返航

汽笛穿透霧霾渾厚鳴起，低沉回響落在岸邊
陽光照不透九點三十四分的福澳碼頭
送行和回顧的眼神不約而同冷落了
孤寂的纜椿，落寞地目送相繫的纜繩遠去
心中的念想變成竟日的等待與隔日
再見的憧憬，船上的旅人就讓他離去了吧
不說再見，雨水敲擊著年輕的背脊
隔著一面玻璃，年輕人把台灣馱在背上
水氣模糊了視野，擦不淨，看不見

在滑動的指尖都與前程或未來無關
無夢，海上的歸途顯得漫漫冗長
四周既有鄉音也有國語交織船舷外的
濤聲，同樣無聊無奈，同樣航程說著
不同的故事，守著小小一方木桌和一方風雨
過了東引，人潮就此安定不再漲落
過了用餐時間，食物香味開始退潮
騰出的空間被此起彼落的鼾聲逐次竊占
惹人暈眩的油煙味和浪頭的顛簸
顯得相當平和，咖啡早在八點售罄
花生有兩種口味，古老的軍旅生涯是
這兩種之外的一味，從咀嚼花生的齒間溢出
眼神和手勢竟就刷亮一條條眼角的壕溝
每隻耳朵都有幾張嘴巴搶著占領
牆上的院線片把焦點放在尋求刺激的眼睛上
連桌子座位都賣了！這幾天大霧，飛機停飛

讓經濟、政治都救不了的船班突然翻紅
斷線的珍珠般散落的島嶼不再眷戀
好不容易從紅塵安頓下來的心再度躁動
沒有人再談馬祖或東引的海與山的高差
似乎都忘了芹壁的建築和燈火交錯的輝煌
連頭都直不起來的臥鋪最適宜躺著談心
凌亂的鞋子散落走道也不會有人抱怨
行李早已打包，抵達基隆之前只有話匣子
擁有天南地北自由自在的通行證
身世和工作在經緯線上編織成一張張網
為彼此陌生的網絡逐漸加溫
昨日各在相同或不同的島嶼過夜
今晚將是人人溫暖的家中各作不同的夢
船舷外的雨絲潑進甲板，海浪的聲波
穿透不隔音的船壁溜進收訊不良的手機
一個問候卡在海天之間無法傳遞

滿滿的焦急和關懷擋在雲外傳不進來
孤獨無關話語，嘗過才知道酸楚
原是從幽微的深處發酵，生涯與命運
學會隨波逐流才換得一身安適
淡然面對，雲層低壓與時光流逝
斷然的抉擇，一日空過島嶼的記憶鮮明
即將成為明日的電腦檔案夾中一張張
被標上數字的清單，乍看似歲月流年的刻痕
看清了卻是流失歲月被標記的軌跡
霜鬢多過朱顏，船頭到船尾雪花飄落一地
覆蓋被雨水打濕的版圖，暮色漸深
白髮滿頭的老兵從船邊拾起年輕的歲月
感慨青春易逝傲氣難伏生年就這樣
凋零，在徒步遶境的山路上再度找回
家鄉的那一份摯愛與胸懷，心安了
看不見的日落了！基隆港到了

鄉音和國語通過窄窄的甬道各奔前程
馬祖是明天開始四面八方記憶交會
情繫夢縈的軸心，到老不忘的旅程

航行西北西，碧海連江

夜色，燈影，船笛，四月第一個航次
海螺聲裡，是誰生命航程的停佇
即將畫下句點，夜的離散是一葉天涯
泊舟將盡啟航乃漂泊的原點
油煙味朝著夜暗的鼻孔幽微鑽探
山城的屋頂疊接著高牆和窗和夢
一如我們的航程，已過青年中年猶懷想著青春
起錨之後，舵輪便是所有因果的樞紐
星光從今夜的船舷匿蹤讓位水花
我們注定要在兩岸之間絡繹往返，隨波起伏

出發或歸航，都在同一條軌跡上悲欣交集
擁著搖晃的夢境同起同落，無關寵辱的引水船
拖著長長的水紋大剌剌橫過港區
向每一艘規矩停靠的船舶睥睨
身後水波擴散成一張網，功名榮枯俱落其中
十點二十六分，靜靜地，解纜
手臂粗的纜索從船舷的缺口的方格
滑落，分開唯一的牽繫
船舷離岸，從此漂泊成為星海浩瀚中
靜靜乘載許多夢想的孤舟
出海，尋找生命的出口朝多年美麗的夢土
翻越，不需要藩籬，只有一口冷冷的呼吸
在夜幕底下飄盪，那一身清矍的身影
被年輕的櫥窗留在厚厚蒙塵的日曆中冰凍
總還不想如此草草腐敗於生涯的潰壞
被風吹掠的船頭，懸掛著經年結晶的海鹽

和滄桑，指甲輕輕一摳，便剝下整片
被皺紋縱橫切割泛著水光的田畝
星月無光在海嵐風湧的四面切開一條海路
每一個夢都被鼾聲和鼻息包覆著
被波浪和峰谷重重頂住托住和牽住
今夜，不求海域在瞬間過渡
該來的飄盪和暈眩只是航行必備的草稿
水手舉起值班的手臂將無聊的時光牢牢勾住
光華塔、基隆嶼，再遠就沒有一絲燈光
照亮沒有邊界和記憶羅織的那片汪洋
沒關係！就讓船朝著羅盤指示的方向筆直前進
看不見的地方有座島嶼，會從時間裡浮現
就像人生的輪廓隨著流年顯影越來越清晰
冷了就進艙疲憊了就睡睡不著就瞪著眼睛看著
自己僵硬的身體躺在硬床板上反芻
苦樂參半悲欣交集的前半生和充滿期待的旅程

風雨或日出很快就會知道，碼頭已經準備好
迎接每一個夢醒落地的腳步
山石海水和長風同時伸出水草般的手臂
高呼著東引南竿北竿東莒西莒，給你一個
滿滿的擁抱，在春天以霧易晤的早晨

藍眼淚之約

平滑的沙灘上
潮線是一條淺淺的歌
你是歌中最美的
一記音符，在夜色裡
生　滅

午夜趕來
赴我們前世的約
見你一眼
了我們今生的緣

藍光的那一眼閃　爍
我知道，那是你
對我說的
千言　萬語

迎風面
潮水漲落，季節遞移
千里外
年華漸老，獨自去來
茫茫大海中的漂流
芸芸眾生裡的尋覓
這一夜，我們相遇
真真見你潮線上的眼眸
帶淚

來不及說

再見了
沒有情緣或約定
前世與來生
見你一眼
便都可以無憾了

站在濤聲的濱線上

我很怕　一失足
就會跌落濤聲裡
被層層疊疊的
記憶淹沒

再往外　綠色就失去
重量　跟著濤聲
一起向遠方的海藍
探詢浪花的歸來

以外　船很少
懸崖上的風
只聽得到濤聲和幾許
難得的鳥鳴
春天已經很遠

高度不夠
把濤聲濾個乾淨
水色倒很強勢
主導饑渴的慾望
樹很少　想到
那與海同在的一身
清涼

我有一點暈眩
分不清海與天的界線

至於海岸　礁石
綠草的分野
那麼明確　只有濤聲
在清楚　模糊　記憶
之間不斷游移

林義和海盜傳說

黃昏的海角，風勢強勁
這種天氣最適合海盜出沒
多年前就已經這樣了
現在卻成了傳說

西尾變成四維，村落不變
海灣季風都還是老樣子
變的只有傳說中的那些人
再也回不來了
當年發號司令的樓房改裝

變成文創的據點和實驗室
故事從窗櫺射進來的陽光斜斜地
引了出來——林義和

那個受了冤屈負氣離家的孩子
幾年後回來
成了名震竿塘的海盜頭子
他的兵工廠一天就能造一支槍啊！
他的外孫說，那個年代
帶著三千個出生入死的兄弟
在小小的海灣立足，種菜、發電
讓漁村夜裡發光

為了生存，只能看誰勢力大就依靠誰
說海盜就太沉重了

七年時間，經歷一場風雲變幻
為了家鄉父老受了算計
隻身上了日本賊船
被日本人穿上鐵衣丟到海裡
空有一身好水性
也得飲恨做了波臣
笑得最開心的並非日寇
是列島上的敵對勢力

四維的夜晚依舊亮著燈
卻已不復當年的西尾發電廠
燈下還是有人娓娓道著
一則不忠於原著的
林義和海盜傳說

陳中平與海盜屋

少了這座海盜屋
芹壁風光必然要遜色幾許

從半山走下來，瘦瘦高高的美男子
委身源生號作購青謀一口飯吃
那貌美如花的嬌妻還得自謀生計
他是不長進啊！賭技不好
卻偏好推牌九，輸個精光
欠了一屁股債還不起
還打了人只好躲到南竿下海為盜

細草還能沾點露，陳中平
劉水歌林義和阿楻，串成命運的鎖鍊
在閩江口海域縱橫揚波叱吒風雲
在國軍日軍兩大勢力間折衝樽俎
時來運轉，回到北竿當起主任
到了人生高峰，那也就是他下坡的
起點，他看得透

逼元配改嫁，對父母飽以老拳
把兄弟趕出家門，斷絕關係
切斷家人的牽絆是一種保護
他知道，海盜終究沒有好下場
據說，他當主任辦事公正
土地糾紛案調查得清清楚楚
調戲婦女，被告說是「樂事」

被他重重打了屁股
從芹壁發跡的，他回到老家
蓋一座最漂亮的豪宅
大陸運來青白石和上等福杉
兩組大陸石匠日夜施工
通往海邊的秘道以及石牆的夾層
都沒有榮耀他的身分
只有嘲弄他的命運

連一天都沒住過，陳中平
就逃亡福建準備報仇
大仇未報身先死
徒留一座精緻的海盜屋在時空裡
櫛風沐雨，代代傳說
為美麗的鏡澳平添傳奇色彩

第六輯　芹壁風情篇

第六輯　芹壁風情篇

芹壁一片藍

淺淺的，海與岸推擠拉扯
一條彎彎的海岸線上
幾粒海沙，風吹過的季節
輕易占領了
最靠近信史的版圖
傳說和美學構築
一道藍色長提
把可信度向腦細胞深處推移

小小的，波浪乘載的龜島
卜辭穩穩鎮住
動盪的世局和日月的變幻
童顏到白髮，老了沉舟
風帆過盡，空空如也
一片藍，一片藍藍的
記憶和夢想

遠遠的，大坵
被食野之苹的梅花鹿占領
高登和水鬼傳說
一起沉入時間之海
浪淘盡，歲月的遺跡
此外，天空與海面連成
一片　藍

故事仍在延續

黃昏時殘餘的路途顯得遙遠
不是距離，而是別離
瞬間將成永恆，明知道
回頭便是永別，此時
我已不再年輕，還能見一次
就一次吧

轉個身就擁抱一整座海灣
三十多年前的緣分
怎知能在芹壁再見
距離太遠，因緣太弱

我迢迢趕來
我們都老了
一灣海水都還年輕

那年，你坐船迢迢渡海
年少投身軍旅的那份惶恐與孤寂
不知向誰說
如今我從遠方趕來芹壁
帶著中年朝聖的心情
尋一個美麗的邂逅
你是導遊，說著數不盡的
故事與記憶

太多同連同期的回憶
無數軍旅的滄桑
你說已經神隱五年

在這島嶼，走著、說著
故事仍在延續

濤聲海風佐夜談

佐著鹹鹹的海風
我們一邊餐著無邊夜色
一邊夾起黃崎半島的燈光
一口一口咀嚼著
十五二十時的青春往事

那年從四面八方向鳳山麇集
我們僅只七年因緣，再見
就在這美麗的芹壁聚落

早就抖落滿身的征塵
換得一身布衣
當年同一寢室各占一席
今夜我是客來你是主

你把愛情帶進芹壁的高處
至今，我依舊相信
那是不滅的追尋，那是人生
最美的一條路，就在腳下
許多故事都從路面走過
從此被時間包裹
成為生命中的一顆藍色琥珀

你遠離塵囂，在芹壁忙著
斷絕肉食，我在追尋生命的答案
裝甲奔騰與海盜船說

說得不禁有些茫然與自得
哪知浪花早已悄悄飛上髮鬢
偶然一瞥，海中小小的龜島
定住晚來稍稍奔騰的心

明天的路是回家
今夜就在你這裡停下腳步
相信愛情，貼著海
聊聊過去未來的海闊天空

夜宿芹壁愛情海

終於住在芹壁
凭窗
讓看不見的髮絲
穿過窗櫺
涼涼的，拂在臉上
以為那就是愛情
不經意透露的訊息

星光不是太亮
就是害羞

倘佯愛情海總會期待
邂逅一次藍眼淚
頻頻開窗
忍受浪花的訕笑

閉上雙眼
濤聲是我的雙臂
從夜色中
伸出去，緩緩的
擁抱整座海灣
夢中
一滴藍色的眼淚
溜進懷裡

離開，捨不得

要離開了！捨不得
張開窗外薄薄的濤聲
把美麗的龜島打包
用小小的浪花標記
拉條長長的海岸線綑綁
還有一些空間
就把一色碧藍的水天
之中的大坵高登塞進去
當所有的東西都寫上
芹壁，才發現
最珍貴的記憶竟然

大到沒地方塞得下
只有存在腦海中
時時拿出來回味重溫

第七輯　美景縈心篇

第七輯　美景縈心篇

聽石擂鼓

開著黃色小花，油菊
一路沿著山石的腳下蜿蜒
石壁上，一人高的地方
東引紫檀發亮的葉面
拱著一顆顆綠中帶黃的花蕊

我們不是那麼熟悉

這邊的生態，只能由
大地來生來養，由雙眼
來看來認，識不識得
就得憑幾分運氣和學養

這是春天，四野是一片天然
合成的美麗，濤聲
從不過分渲染驚心動魄的
震撼，總以為那就是
天地之間最美最絕的聲響

直到遇見那鼓，那石
穩如泰山
靜靜地，佇立路邊
沒有等待或期盼，季風
海潮或遊人自在去來

不言也不語

留著絡腮鬍的老哥
性格的說：貼在石上
運氣好的話，可以聽到
擂擊石鼓的聲音

附上耳朵貼緊石壁
靜靜的
聽著
有人問我：聽到了嗎？
哈哈哈！我笑了

聲聲似太白

既不像盛唐那般疏曠豪雄
也不似謫仙如此放達自在

我問前人：如何是太白天聲

離海數百尺，你的腳步
走來有無一絲漂浮
山石數十丈，你的眼界
是不是就跟著開闊
太白斗酒，就像這樣
虛玄幽幻之間寫起詩來

倏忽之間就成了百首

我們縱不寫詩
讀一讀山風落下的吹襲
呼嘯間總有一絲暢快
那就是黃金般的盛唐遺風
就算走得痠麻
聽一聽海濤捲起千堆雪
拍岸時就是驚天裂岸
怎不是千古一絕的太白天聲

不需要全然相像
所謂太白
天聲，都是我們過多的執著
走去，聽來，聲聲都似
無色無相的太白

向濃霧開砲

渾身都已漆黑
發亮的砲身正在濱海的
山坡上，虎視眈眈
埋伏近岸水域的暗礁

是歲月一往的肯定
或否定？都還沒定論
厚厚一身虎皮
已將百年身世抹黑

船影桅帆頻繁來往的日子
霧中多少危機和誘惑
礁石是最終的審判
與結論，生死禍福都在
眼下完整現形

識或不識，交深交淺
就因為都在霧裡
都要一視同仁
仗著虎膽發出一聲吼嘯
震得那些漂泊的水手
人人耳鼓發痛

更讓人心驚之餘
總要獻上一番供養
雖不受半分半文

日夜風雨
永遠不脫班不懈怠
虎踞這孤獨的海角
朝著不小心的船隻吼上
一兩聲

燈塔光照東湧海

走來要一段好長的路
正如第一代的燈塔守們
那些以罪犯之身被發配
遠赴中國東湧的英國人
也許連地名都沒聽過
身在船上，只有隨波逐流
聽天由命了

誰知命運開了這麼個玩笑
船沒撞上岸邊礁石

躲過隱伏海中的暗礁
安然渡過半個地球的航程
為東方古老帝國的海洋
點一盞燈，在孤冷的
海島最偏僻的角落

從此海上航行有了明燈
人生有了方向和意義
貢獻從一艘艘船上
彷彿按著潮汐和洋流送來
人往燈塔聚集了過來
燈塔村就這樣繁榮
不是神話便傳說了開來

走上來，一記記跫音
應和著澎湃的太白天聲

回顧過往與家園
心事彷彿擂擊一方石鼓
繞過去會遇到
從百尺深溝中吹過來的風

都沒關係！山花和洋流
都在最高處的燈光
照耀下一代傳一代
一船接一船
永遠傳播
光明的十方三世

烈女的禮讚

兩道山壁像無盡的壓力
從碧綠的海平面升了上來
所有的紋理都是利刃
切割著人世間的甘苦辛酸
該忍的該受的該來的該看的
以及該走的
各有各的命運和抉擇

地處偏鄉海島，生逢亂世
一個弱女子能嫁得好丈夫

已經是莫大的幸福
還求什麼？無非平安度日
這一片小小的山坡
那一望無際的大海和波浪
每年的東北季風和魚汛

禍患總在幸福之中
不知不覺降臨
村頭巷陌傳來的殺戮和死亡
霎時剝奪了天倫的美夢
切斷人間的血緣
悲劇總會發生，今年或
明年，這家或那家

逃得過這次，逃不出這島
遇上了只有認命

不認命的只有再逃
兵刃和慾望在背後追趕
山路就像脆弱的生命
在前方快速縮短
終於，面臨天涯海角
和一轉身看見的那對邪惡眼神

像壓力般高高升起的海岬山壁
所有鬱積的滿腔悲憤不平
都可以在瞬間歸零，縱身一躍
是對自己決不受辱的堅持
是對一身清白的愛惜
一生相守的承諾的信守
是天地人間貞節烈女
千年不絕的禮讚

一線，以觀天

一線之外，天是什麼？

山壁從天而降
潮聲自海面洶湧

沒有斧斤砍斲的鑿痕
也沒有天打雷劈的詛咒
究竟，是誰下的手
裂開的這條縫，莫非

就是天意

讚嘆或質疑，存在
已經多年
風如是，雨如是
燕鷗如是年年來此的
人也如是

越往下走，濤聲越亮
答案越清楚

煙波浩淼的水天盡處
無盡虛空處天光接迎目光

一線之中，天之外
靜靜聆聽，春風秋雨的

答案是什麼
不能說
肯定跟你的不一樣

燕秀，千古的潮音

巢是看不見的
在我們沒有翅膀的肉身上

只能一步一步走上來
南國薊的刺，據說
一碰就要見血
嚴密的保衛措施

有風的日子一株株山蔥
搖擺得滿路生姿

高大的木麻黃的年輪
把燕鳥的足跡記錄
在不為人知的年輪裡

季風吹起，燕子來
或者不來，潮水都一定來
跟著風的走向
將小小洞天
擠得密密實實

如同擠滿雛鳥的巢
一根細嫩的羽毛將期待
標記成破殼的生命
一粒漂浮上升的結晶鹽
在小小洞天醞釀滿天
聽覺的雲彩

季風海潮循著引力的規律
來了，燕子來不來
我都來了，聽聽移動的
樹影在洞穴中
唱一首曲調雄渾斑爛的歌

一柱挑起東西引

除了相望的眼神
　過往的風
島嶼之間
只有日夜漲落的潮汐了
你在中間算什麼

柱石吧

不是被刻上大字塗上朱漆的
那塊石，不管星眸

眨了多少回，月牙笑了
多少年，櫛比鱗次的
岩石上豎起像天一般的高度
讓所有年輕的步履
環繞、逡巡，有如潮水

開天闢地的隔閡
就在胼手胝足的構築中
百來尺深的海溝用心填補
東引西引，相互吸引
從此不再疏離

從此可以輕鬆跨越揮汗經行

從此，你就砥柱中流
在雲霧輕籠的清晨中伸出

細長的臂彎向兩端
連結海與天
軍旅的命脈與行旅的夢想

小小的，一方礁石
稱島太沉重
敢稱中柱卻是名副其實
經風受浪的那些過去
一柱擎天的未來

再遠就非我有

——國之北疆

腳步停在這裡
擋住我的是風、雲、石碑
和碑上的四個字

遠遠的，小小北固島
立在潮汐之中若隱若現的
　身世，位極北端
卻能聚焦眾多目光的

國境之北
再遠就非我有

誰說那邊風月誰屬
海風吹過波峰
哪一個浪頭才是不變的疆界
我們能在水域釘樁
將季節買斷嗎
或只把握瞬間景致及時行樂

經緯線是心裡度藏的
刻度，疆域
才是眼中所有的溫暖
即使強風吹拂
雲層漸漸壓了下來
幾滴雨

是親切的問候
浪花不斷拍擊
北固島，我來了
國之北疆不管見或不見
我走了，知道你會在那裡
一直守著

十八羅漢在人間

薄薄的海嵐漂浮
輕籠羅列的礁石如畫
如果夕陽暮色
能夠塗上一層金光
這裡簡直天上

走到海的邊陲
才知道這裡不是人間
十八個阿羅漢
巍然站在白色浪頭

他們是不來的
或因貪慕美景起了凡心

證阿羅漢是不死的
肉身，化成不壞的一尊尊
岩石在遺忘裡存身
時間裡浸泡，在目光裡
風化滄桑

多少風雨的孤舟
渡過，一世的記憶難忘

遙對北固島
守護最北的那一點
寸土不讓的海上國土
羅漢現身的海域

那一片煙羅雲繞的人間仙境

燈塔守望者的汗水

胖胖的身軀走過烈日
曝曬的廣場，他揮著汗
走進古老的歲月
為我解說遙遠的海面
看見的那一道光

話要從鴉片戰爭說起
那年的屈辱換來
洋船闖江口的洋洋得意
也帶來觸礁的危險

可以這麼說
道光，給了那道光
留著白鬍子的赫德
讓韓得善負責設計建造
一八七二年，往來船隻
在夜色茫茫中看見了
東犬頭上的光
一圈又一圈照過無垠的星空

就像軍人的槍不能掉
燈塔的光不能熄
他說，早年強風吹襲
連人都站不穩
那道長長的白色矮牆
護著煤油燈，也護著人

人就在風雨中護著
塔頂的光，海上的船
船上的水手

沒有燦爛的青春輝煌的
人生，沒有名
這些燈塔守只給海上經過的人
一道光，在孤寂的航程
在島上孤寂的日與夜
已經很多年了

頭髮都快像燈塔那麼白了
我不敢問：誰來接你？

探祕海蝕洞

一陰一陽，海石柱
與海蝕溝在鄉民口中化身
呂洞賓與何仙姑在此
得道升天，呂何崖
因此得名

天地留一方平衡岩
天帝拿這方印璽鎮住
這兩位無緣談情
只能修道的仙人

更遣一隻石獅
一隻鯨犀日夜護衛
讓海角的傳說長伴天涯
最需要溫暖的人心

傳說並非不攻自破
當海盜賊寇攻來
海蝕洞為鄉民張開
臂彎，庇護海隅良善的子民
明晰的紋理，驚駭的濤聲
倉皇走過銳利的礁石
神仙從來不曾現身
只是默默發功
護佑鄉民和家園

是神是仙都是神祕的

海灣，天地造化
迷住遠來的眼神和腳印
造化如此神奇
莫非真是神仙伴侶
在此神秘海灣示現神蹟

逸園暮色

小小一塊花崗石
堅硬了牆上搖曳的樹影
兩棵高大的木麻黃
古老了向海的天空
黃色油菜花填補
樹幹之間扶疏的眺望

交通壕已經縱橫
交錯於花草的史冊間
被美麗層層覆蓋
蛇島靜靜偃臥

在海面上當一個遠景
馬路隔開綠色執掌的版圖
海藍占領海外的空間
紅紅的一輪夕陽
不知不覺
就切割了天空和日夜

黑色的帷幕無邊落下
遠處的濤聲被潮線拉長
幾聲狗吠，響自
士兵經年戍守的碉堡

南風反潮，最遠的
那一線天際，掛著
一絲懸念

流紋岩的歌唱

・鎮海橋

僅能一人通行
橋上，歷史不容錯身
風聲雲影
多少戰爭的硝煙吹過
橋面拓寬後
那根寫著橋名的柱子
只能靠在山壁上
漸漸腐朽

一如當年駐守經年後
一去不回的記憶

・鼓浪崖

詭奇的紋理斜斜地
向天射出一支支
利箭，在天際被時間沒收
走過的腳步，小心
踩著大地的肌理和
大海的心聲
應和，那千古的繾綣
都在高深險峻的
崖下深藏激盪
編成人間絕唱的一首歌

・望夫崖

短短幾步路
走上去是欲穿的望眼
停佇立足與搜尋
兩座礁岩之後
無邊無際的海洋一個
微小的身影，是全部的
繫念，一綹年輕飛髮
被長風吹落
流紋岩上，多年後
被天涯的過客無意拾得

・聽風崖

不像下方的簡易碼頭

可以泊舟登岸臨海
垂釣甚至閒到長出青苔
這裡就只能聽風
靜坐石上，置身藍裡
一髮之外是九天
說不清的四季節奏
就用心日夜去聽
聽不夠的人世滄桑
就等下回再來

風沙

落日灘頭，海水山壁之間
金沙鋪陳了變幻的史頁
潮水來了，又退
一日將盡的時分
我是坤邱最後的行者

數著秒針上的刻度
目測夕陽和海面的距離
夜色即將來臨
金色的蛇島蜿蜒纏繞著海潮

一陣風呼嘯吹過
帶著長長的尾巴
黃沙揚起，像輕煙
橫過大沙漠那般蒼涼
像羅網，罩住
山海之間潔淨的地境
輕輕的交織　變換
向遠方滑行